JN025619

多肉植物の

水栽培

米原政一

著

日本文芸社

hydroponics
life

水栽培の植物には、空間を作る力がある

ガラス越しに、水に泳ぐ根の生命を見守ろう

自分らしいスタイリングを実現しよう

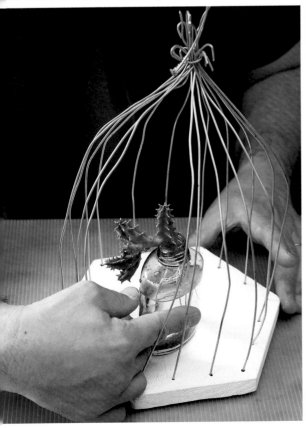

は　じ　め　に

素敵な家具が並んでいる、センスがよいインテリアデザインの部屋であっても、
どこか物足りなさを感じてしまうことがあります。
不要なものをそぎ落とした部屋では、ミニマルなカッコよさはあっても、
それだけでは完結しないように感じます。

そこで、人が時間を過ごせるだけのやさしさや、
暮らし、活動をするために欠かせない豊かさを運んでくれる存在が植物といえるでしょう。
植物が加わることで、初めて空間は生を帯び、
人を受け入れられるだけの質に達するのではないかと思います。

この本では、住まいに植物をプラスする方法のひとつとして、水栽培を紹介します。
水栽培とは、土を使わずに水だけで植物を育てる栽培法。
土を選んだり作ったりする手間がいりません。
水の交換は必要ですが、水やりは不要なので、
やり忘れや、やりすぎ・不足の心配がありません。
ほとんど手間をかけずに、植物の生長を見守れるのです。

土が散らかって、室内を汚すこともありません。
室内で植物を育てるには、ぴったりの方法といえるでしょう。

そして、水栽培の魅力は、なんといっても根の生長も楽しめること。
私自身、植物の生命力をこの目で見られることで、元気をもらえることがよくあります。

この本では、育てやすい品種が多い多肉植物の水栽培を紹介していきます。
失敗しないスタートアップの方法と育て方、楽しみ方、
そして、空間を豊かなものにするために、
インテリアと協調できるスタイリングの例をお届けしましょう。

写真には、私が愛好するヴィンテージの家具や道具などが多く登場しますが、
古いものだけでなく、モダンなインテリアでも、無機質な空間でも、
水栽培の植物は見事に調和し、温めてくれるにちがいありません。
毎日の暮らしをより豊かにするためのヒントとして、
この本を役立てていただけることを願っています。

多肉植物の水栽培

CONTENTS

室内で楽しむ水栽培 ···· 12

暮らしのなかでの水栽培の楽しみ方 ···· 18

マイ・オリジナルの水栽培に挑戦! ···· 30

1

at
my　室内で楽しむ水栽培
home

水栽培のやり方は、あっけないほど簡単です。
どの種類の多肉植物でも、同じ育て方でよいのです。
ここでは、初めて挑戦するのに適した植物、
必要な道具類、基本的な栽培方法について
解説していきます。

❖私が水栽培を始めたのは、かつて生花店を営んでいたとき、折れてしまった枝や茎の先を水に入れておくと、やがて根が出て、育っていくのを知ったたことがきっかけでした。

❖左のボトルツリーは、2年ほど前にあるお宅から持ち帰ったものです。鉢に植わっていましたが、葉は枯れ落ちて全体的にしなび、瀕死の状態でした。「水栽培なら、生き返るかもしれない」と思いつき、もらい受けて来たのです。しっかりと根を伸ばし、命を吹き返しました。

❖水栽培の植物は、土からのストレスを受けません。そのため、土で弱ってしまった植物も、再生することが多いと知られています。

❖水栽培が初めてなら、いつの間にか弱ってしまった植物、世話を忘れかけていた植物でチャレンジしてみるのもよい選択でしょう。

水栽培に必要なものは？

❖水栽培を始めるには、器と、土で育っていた根をカットするためのカッターがあればOKです。

❖水栽培の魅力のひとつは、根の生長も観察できること。そのため、透明なガラス器を使うことをおすすめします。透明なものならプラスチック製でも用は足りますが、洗ったり手入れをしているうちに傷がつきやすく、透明感を保つことが困難です。

❖水を交換するうちにガラス器の汚れが気になったら、研磨剤不使用のスポンジやシリコン製のスポンジで洗いましょう。マイクロファイバークロスで拭き取れば、ガラスの表面にほとんど毛羽が残りません。

❖根をカットするにはハサミでもよいのですが、水を吸い上げる管（維管束）がつぶれることもあるため、カッターの使用をおすすめします。

❖水だけでほんとうに植物が育つ？そんな疑問が残っていたら、多くの人が小学校時代の理科（今日では生活科）の時間で体験したはずの、ヒヤシンスやクロッカスなどの水栽培を思い出してみましょう。

❖器に球根をセットし、球根の底面すれすれに水がくるようにして発根させると、やがて芽が出て生長し、花が咲きました。

❖多肉植物も同じしくみで、水だけで育ちます。光と水、水に含まれるわずかな無機質の栄養素（水道水にも含まれます）と、空気中の二酸化炭素によって光合成をすることで、生きていくためのエネルギーを得ることができるのです。

❖本書のテーマから外れますが、小学校時代に立ち戻って、球根の水栽培をするのもいいですね。ネリネやムスカリ、サフランなどが簡単に栽培でき、美しい花を楽しめます。

**理科の時間の
水栽培をおさらい**

初めての水栽培は
サボテンが最適

❖土で育っていた植物を本格的に水栽培で育てようとするなら、最初は、サボテンにチャレンジすることをおすすめします。サボテンの水栽培は、ほとんど失敗することがありません。左の柱サボテンは、私が3年以上、水栽培で育てているもの。快調です。

❖一般に、サボテンは、鉢植えなど土で育てる場合、頻繁に水をやりすぎると、根腐れしてしまいます。これは、サボテンが吸収しきれなかった水が土の中に溜まり、そこに雑菌が繁殖してしまうのが原因ではないかと考えられています。

❖水栽培では、その心配がありません。実際、サボテン（緋牡丹）を水と土で栽培して比較したところ、水栽培のほうが高さ・直径とも大きく生長したことを発表している研究論文もあるほどです。

水 栽 培 の 始 め 方

通常、多肉植物には休眠期と生長期がありますが、生長期に始めることをおすすめします。
ベースを土から水へ──。正しい手順で行えば、スムーズに移せます。

1

元 の 根 を カ ッ ト

土に植わっている植物を水栽培で育てる場合は、植物のまわりの土を崩しながら、根を傷めないように注意して土から抜き、手で土や砂を除いて、さらに水で洗い流します。炎であぶるなどして刃先を消毒したカッターで、根元を2mmほど残して、スパッと切り落とします。
折れた植物を育てる場合は、同様に消毒したカッターで断面をきれいに切り落とします。

2

室 内 で 乾 燥

植物を新聞紙などの上に寝かせ、2〜3日ほど室内の日の当たらない場所に置いて、根を乾かします。
このステップは、植物が自身に蓄えている糖分によって根の傷口をふさぐために欠かせません。
こうして、土で育っていたときの根は役割を終えます。

3

容 器 に セ ッ ト

水を入れたガラス容器の水面ぎりぎりに植物の根の切り口がくるように植物の根の切り口をセットします。
または、先に空の容器に植物を入れてみて、根の切り口がくる高さを確かめてから、水を入れます。水を入れる際は植物を外しましょう。
室内の日の当たらない場所に置き、2〜3日に1回、水を交換して発根を待ちます。早ければ2〜3週間、時間がかかる場合は2カ月後ぐらいに新しい根が出てきます。

水栽培での育て方

土での生育から水栽培の環境に変わった植物を、順調に生長させていく方法を紹介します。
手間は少ないですが、毎日、様子を見ることが大切です。

水の交換と量

◎左ページの手順で新しい根が出てきたら、根の先端3mmが水に浸かるようにして生長させます。さらに根が伸びてきたら、根の全部が水に浸からないように、少なくとも根元から30mmは空気にさらされるように保ちます（上の写真参照）。

◎水は、週に1回を目安に交換しましょう。ただし、根がさかんに生長している時期や、気温が高くなる季節（およそ23℃以上）では、水中の酸素が少なくなり、水が濁りやすくなります。濁りは、水の交換が必要なサインです。毎日、観察して、濁りを感じたら、交換しましょう。

❖ ❖ ❖

置く場所

◎室内の、なるべく明るい、風通しのよい場所に置きましょう。ただし、容器内の水温が高くなりすぎることがあるため、直射日光は避けます。

◎一般に、寝室や洗面所、とくにマンションの玄関は、明るさが十分とはいえません。そのようなスペースでは、1週間を目安にして、明るい場所に置き換えましょう。

◎植物栽培用のLED照明で明るさを補うのもよい方法です。ただし、LED照明のトランス部分から熱の放射があり、植物を弱らせるため、少なくとも15cmは離しましょう。

肥料

◎水栽培を始めるときの発根剤や、栽培時の肥料の使用をずいぶん試しましたが、使うと水中に藻が発生しやすく、根が焼けて変色しやすくなって本来の美しさを鑑賞できなくなるため、おすすめしません。

◎どうしても試してみたいという場合は、藻が発生しづらい水草用の肥料をおすすめします。

❖ ❖ ❖

季節ごとの注意点

◎多くの多肉植物には生長期と休眠期があり、それを夏に迎えるものと、冬に迎えるものがありますが、水栽培では、休眠期でも少しずつ根を成長させています。季節にかかわらず毎日見守って、水が濁ってきたらこまめに交換することが大切です。

徒長してきたら仕立て直して再生を

◎水栽培では、室内の直射日光が当たらない場所に植物を置くため、徒長してしまうこともあります。そのまま栽培を続けてもよいですが、気になる場合は、茎を葉のすぐ上でカットし、上の手順で発根させて仕立て直しましょう。

◎もともと根が水に浸かっていた下側は、現状より明るい場所に置いて、そのまま育てます。

2

living
with 暮らしのなかで水栽培の楽しみ方
them

毎日、必ず使う場所に水栽培を置いておくと、
植物が力をくれそうな気がします。
清々しい気持ちになれるのがいいですね。
家のなかの置き場所ごとの楽しみ方と、
水栽培で気をつけたいポイントを紹介します。

玄関にて

出かけるときも帰ってくるときも、誰かが訪れてくるときも、
凛とした生け花のように、清潔な空気感を作り出してくれるでしょう。

キッチンにて

やわらかな日差しがある場所に、生きている植物があるのはいいものです。
水栽培だから、土を散らかしてしまう心配もいりません。

Living
with
them

小さな一輪挿しや、お気に入りの空きビンと一緒に

手入れが行き届いた調理道具の数々は、
並んでいるだけで絵になります。
小さな水栽培が添えられると、決まり！です。

［撮影協力］（P20〜23）
喫茶 mammal
https://kissamammal.storeinfo.jp
東京都世田谷区世田谷 3-14-16
安藤コープ 100号室
Tel: 03-5799-4230

洗面台のまわりに

水に生きる植物の力で、
より清潔感が溢れる空間になりそうです。

撮影協力：装身具LCF

家のなかで置く場所ごとの
楽しみ方

ENTRANCE

玄関

◎生け花という芸術は、いくつかの花を使って、空間に別の世界を創造することで見る人の心を深めます。水栽培の多肉植物は、たったひとつの植物だけで、私たちに生け花と似た働きかけをするように思います。出かけるときも、わが家に帰ってきたときも、扉を開けた瞬間に、ハッとする世界があるのはいいものです。
◎玄関の、たとえば下駄箱の上などの空間と調和するように、置く植物、位置を考えてみませんか。

KITCHEN

キッチン

◎キッチンは、おいしい料理ができあがる幸せの場であると同時に、作る人にとっては調理に集中しなければならない作業場でもあります。自覚はなくても複雑な動線で動きまわっていますから、水栽培は、その動線から離れた場所──窓辺などに置くとよいのでは。
◎葉を少しずつ切って使える、ハーブ類の水栽培もおすすめします。コンロまわりなど、高温になったり油が飛ぶ可能性のある場所は避けましょう。

WASHBOWL COUNTER

洗面台

◎手を洗う頻度が多い生活が続いていると、植物を置いて、なごみの時間を過ごしたいものです。
◎香りのある植物があると素敵です。たとえば、サボテンの月下美人や奇想丸、ギガンティアなど、香りをテーマに植物を選んでみるのもよいアイデアでしょう。
◎ただし、多肉植物のなかには、水がかかるのを嫌うものが多くあります。その意味で、シノブやシダ類、ヒヤシンスやムスカリの水栽培もおすすめできます。

同じ場所に固定しないで
たまに場所を変えて

◎P19で説明したように、水栽培の多肉植物は、直射日光が当たる場所に置かないのが鉄則です。また、水栽培の植物は、土で育てているときよりも少ない光で成長できるものが多くあります。その意味で、水栽培は室内で植物を楽しむには最適な栽培法なのですが、それでも植物は光を必要とする生命体です。健やかに生長してくためには、ある程度の光がどうしても必要です。
◎住まいによって、光が入る部屋、入らない部屋はそれぞれですが、とくにマンションの玄関や洗面所など、日光がほとんど入らず、また、使用時以外、照明をオフにしているスペースでは、ひとつの植物を置きっぱなしにしないで、1週間を目安に変えていくことをおすすめします。

食卓に置いて植物と会話

いつも一緒にいられるからこそ、
植物の元気を確かめよう

ダイニング
テーブル

水栽培で花をつけた、
ユーフォルビア・
フェルニア ゼブリナ

植物のリラックス効果は、
科学的にも証明されている

◎忙しい毎日。たとえ短かくても、わが家のダイニングテーブルで食事ができるのは、ゆったりとしたひとときを過ごせる大切にしたい時間です。そこに、お気に入りの植物があったらいいですね。ひとりだけの食卓でも、寂しくなんかありません。

◎そこでは、自然と植物との会話が多くなるでしょう。元気だった？　私も頑張ったよ！――。そのとき、植物の健康をチェックしてあげてください。水が濁り始めていませんか？　葉や茎の色が変わっていたり、しなびたりしていませんか？　水を変えたほうがいいタイミングや、もっと光のある場所に移したほうがよいことに、いち早く気づけるでしょう。

◎時には、花のつぼみができ、やがて開花する機会を見られるかもしれません。そうして、気持ちがリラックスしていけるにちがいありません。実際、室内に置いた植物のストレス緩和作用は、いくつもの研究機関によって科学的に確かめられています。

◎それらの研究によると、遠くに置いた植物より近くの植物のほうがリラックス効果が大きいといいます。また、大きな植物より小さな植物のほうがよりリラックスできるのだそうです。

◎また、植物が提供してくれるリラックス効果の源は、植物の生長を目の当たりにする実感や、手をかけて世話をしているという満足感にあるのではないかとも考えられています。

PC のあるデスクに

植物は、AIより優秀な能力があるのか。
科学が解き明かしてくれる日も近い。

ON A DESK

デスク

とくに緑色の植物は、目の疲れを回復してくれる力がある

◎リモートワークが広まって、家のなかでPCに向かう時間が増えている人も多いのではないでしょうか。ここでは、PCと水栽培の植物という、少し異質なコラボレーションを提案します。

◎無機的な造形のPCの隣りに生きている植物があるという情景は、スタイリングとしても決まりますが、それだけでなく、PCを使う人・植物を育てる人にもよいことがあります。

◎ひとつには、植物にはPCのモニターによって疲れた視覚を回復する効果があること。研究では、緑色の植物の視覚疲労緩和効果がもっとも高いことを伝えています。PCに集中して目の疲れを感じたら、視線を植物へ向けるとよいそうです。

◎ちなみに、斑入りの植物が次に効果が高く、赤い葉の植物になると効果は見られないという結果がわかりました。その意味でも、多肉植物の水栽培は理想的といえそうです。

◎また、一時期、サボテンがPCの電磁波を吸収するという噂が広まりました。それは、アメリカ航空宇宙局NASAが、セレウス・ペルービアナスという種類のサボテンが、PCや携帯電話の電磁波を吸収することを発見したといわれたものですが、その真偽のほどは確かめられません。

◎植物には、まだ、私たちが知らないさまざまな力が秘められているようです。住まいに水栽培があるのは、たいへん素敵なことだと思います。

3

do
it
yourself !

マイ・オリジナルの水栽培に挑戦！

水栽培の植物は、それだけで存在感があって、
どこに置いても独自のたたずまいを見せてくれますが、
植物のために特別なステージを用意するのも、素敵な楽しみ方。
世界でたったひとつのステージを作りませんか。
手を動かすからこそ、愛着も大きくなるにちがいありません。

真鍮のワイヤーで作る、素敵なかご

水栽培をやさしい黄銅色の光で包んで、大切に育てましょう。
鳥かごのように佇んで、植物を温かく守ってくれそうです。

金属の加工も、針金なら簡単にできる

扱いやすく錆びにくいので、真鍮の針金をおすすめします。
カットは、ホームセンターなどに依頼するとよいでしょう。

200mm

◎ **必要なもの**
・真鍮の針金 18本(線径 2mm・長さ 300mm)
・真鍮の針金 1本(線径 2mm・長さ 200mm)
・やわらかい木の板 1枚(厚さ 10mm・220mm 四方)
・型紙用の紙、好みの色の水性アクリルペイント、
　マスキング用テープ、瞬間接着剤

◎ **準備**
板を上の型紙どおりにカットし(ホームセンター
などに依頼しても OK)、表面を水性アクリルペ
イントで塗って乾かす。完全に乾いたら、縁の
内側にマスキング用テープを貼り、内側 10mm
のラインに均等間隔に18カ所印をつける。

1 準備した印の位置に、キリかドリルで穴を開けていく。底まで貫通させないように注意して。

2 穴の中と針金の根元に瞬間接着剤をつけ、針金を1本ずつ挿していく。

3 「2」の18本の針金の上部を手でひとつにまとめ、長さ20cmの針金でくくり、手で軽くねじる。

4 ペンチを使い、ねじるようにして「3」の針金をしっかり締める。

5 「4」の針金の端をくるくると巻き、形をと整えながら、「3」の針金の上部先端を1本ずつ自分の好きな形に整える。

6 針金2本を広げるようにしてたわめ、水栽培の植物を入れる。

ニュアンスのある光が注がれる、ライトスタンド

長い時間を経たもの独特の存在感。
古材と裸電球で、懐かしいような光を植物に届けましょう。

感じのよい木材を見つけるのがポイント

使う板材の質感によって、表情がまったく変わります。
植物、ガラスの器、電球の無垢の光に合う板材を選びましょう。

◎ 必要なもの
・古材の板 1 枚（厚さ 20mm・幅 140mm・長さ 800mm）
・電球 1個、電気コード（電球用ソケット、スイッチ、差込用プラグがセットになっているもの）
・真鍮のシート 2 枚（厚さ 0.1mm・幅 12mm・長さ 50mm）
・メッキされていない鉄の木ねじ 4 本（長さ 45mm）
・木ねじ 4 本（長さ 20mm）、鉄の釘 4 本（長さ 16mm）
・のこぎり、ノミまたは彫刻用の平刀、木工ボンド、ドライバーまたはドリル

◎ 準備
木ねじと釘を一晩塩水（濃度は適当でOK）に漬け、錆びさせておく。板を長さ 200mm、250mm、350mm にカットする（ホームセンターなどに依頼してもOK）。真鍮のシートの表面にサンドペーパーをかけておく。

切り落とした木片は捨てずに取っておく。

⇒

接合部分は木工ボンドで接合してから、小さな穴を開けてドライバーで止めるとよい。

⇒

1 支柱となる板（長さ 350mm）の片端に、のこぎりで長さ 30mm の切れ込みを 10mm 間隔で 2 本入れ、ノミまたは彫刻用の平刀を使ってコの字型に切り落として、ポケットを作る。できた板に、電球を取り付ける天板（長さ 200mm）を、垂直になるように、木工ボンドと鉄の木ネジ（長さ 45mm）で接合する。

2 電気コードを「1」のポケットにくぐらせ、「1」の天板に長さ 20mm の木ねじで電球のソケットを取り付ける。

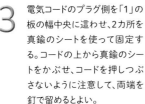

⇒

⇒

3 電気コードのプラグ側を「1」の板の幅中央に這わせ、2 カ所を真鍮のシートを使って固定する。コードの上から真鍮のシートをかぶせ、コードを押しつぶさないように注意して、両端を釘で留めるとよい。

4 「3」の板に、底面になる板（長さ 250mm）を垂直になるように接合する。「1」と同じ要領で。

5 「2」で取り付けたソケットに電球を入れ、「1」で切り落とした木片でポケットにふたをして完成。

空中で植物の姿を楽しむ、
ハンギングフレーム

透明な水に根が揺らぎ、緑の体が静かに呼吸しているよう。
植物のこんな佇まいを眺めるには、窓辺がいいですね。

ガラス器と板材の大きさから、穴を開ける位置を決める

できあがって、器をセットしたときの見え方を想定し、
穴を開ける位置を慎重に決めましょう。

◎ 必要なもの
・古材の板 1 枚（厚さ 20mm・幅 140mm・長さ 1400mm）
・メッキされていない鉄の木ねじ 8本（長さ 45mm）
・綿ロープ 2本（吊るす距離プラス 500mm の長さ）
・水栽培用のガラス器 2個、のこぎり、糸のこぎり、または彫刻用の丸刀か
　ドリル、木工ボンド、ドライバーまたはドリル、はさみ

◎ 準備
木ねじと釘を一晩塩水（濃度は適当で OK）に
漬け、錆びさせておく。板を長さ 350mm にカッ
トして 4枚にする（ホームセンターなどに依頼し
ても OK）。

1 板の長さを 3等分した位置 2カ所に印をつけ、当て木の上に乗せて、直径 10mm の穴を開けていく。ドリルを使うか、糸のこぎりや彫刻用の丸刀で根気よく開けていく。

⇒

2 P35と同じ要領で、4枚の板が口の字になるように木ねじで 2カ所ずつ留めていく。

⇒

3 綿ロープの一方の端をガラス器の口のすぐ下にまきつけてきつく結び、もう片方の端を「1」の板の穴に通し板の上に通す。

4 板の上に出た部分に輪っかを作り、端をくぐらせて固く結ぶ。すっぽ抜けないように、接着剤で固定しても OK。

⇒

5 「5」の結び目のすぐ上で綿ロープをはさみでカットして完成。

手作りのコラージュと、
お気に入りの箱

小さな面積でよいので、素敵なコラージュを作ってみましょう。
そこに、お気に入りの箱を取り付けて〝作品〟にします。

感じのいい紙をレイアウトすれば形になっていく

最初のコラージュ制作がハードルが高そうですが、
自分の趣味に合うペーパーを数種使えば、うまくまとまるはず!

◎ 必要なもの
・ コラージュ用の板、コラージュペーパー
・ 障子用でんぷん糊か木工用速乾接着剤
・ お気に入りの小箱
・ メッキされていない鉄の木ねじ・箱1つにつき 2本必要
　（コラージュ用の板と箱を留められるだけの長さのもの）
・ ヘラ、ドライバーまたはドリル

◎ 準備
木ねじと釘を一晩塩水（濃度は適当でOK）に
漬け、錆びさせておく。板を使いやすい大きさ
にカットしておく（ホームセンターなどに依頼して
もOK）。

1 ヘラを使ってペーパーの裏面
に糊か接着剤を薄く広げ、板
の上に置いて表面を手で押さ
え、貼り付ける。レイアウトを
考えながらこれを繰り返し、コ
ラージュを完成させる。

2 できあがったコラージュとのバ
ランスを考えて、似合う箱を
選ぶ。

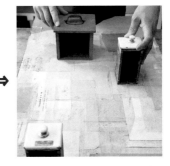

3 選んだ箱のレイアウトを決め
る。

4 ドライバーかドリルを使って、
箱をコラージュに留めていく。

金属の質感を加えた、
ガラスのボトル

水栽培の魅力のひとつは、根の成長が目で見られること。
ガラスの器に金属を添えて、オリジナルボトルを作ってみては。

真鍮のシートを使えば、簡単に作れる

本物の真鍮のシートを使うことで、存在感のあるボトルが作れます。
シートの大きさを正確に計算しておくのがポイントです。

◎ 必要なもの

・真鍮のシート（厚さ0.1mmのもの）
・両面テープ（幅5mmのもの）
・カッター、
　カッティングマットか厚紙
・金属製スケール、
　スポンジやすり（1500番）

◎ 準備

使うガラスの器を決め、ガラス器の周囲にテープかひもを巻きつけて円周の長さを測る。器の高さの1/3を目安にして、真鍮のシートの大きさを決める。

 ⇒

1 カッティングマットか厚紙の上に真鍮のシートを広げ、スケールでしっかり押さえながら、「準備」で割り出した大きさどおりに切っていく。ただし、長さは、貼り合わせるときの貼りシロ分を含め、円周より5mm長くする。

2 真鍮シートの片端と、器の底にくる側の縁に両面テープを貼り、底のガラスの厚み分だけよけて下にずらし、器を置く。

 ⇒ 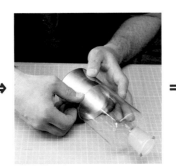 ⇒

3 ずれないように注意しながら、器に真鍮シートを巻いていく。

4 巻き終わりを、「2」で貼っておいた両面テープで留める。

5 マットな仕上がりにしたい場合は、スポンジやすりで真鍮シートの表面をこする。

水栽培にふさわしい容器を探すには？

植物の根のすべてが
水に浸からない大きさで、
根の成長を見届けられる器を
探すのがポイントです。

植物の
ストッパーになれるものと
組み合わせる。

A

GLASSWARE

気に入っている
ガラス器を試してみる。

3

切れた電球の
金属部分をカットすれば
立派な器に。

GLASSWARE

まずは、身近にあるもののなかで探してみよう。

◎水栽培でもっとも大切なことは、P17で解説したように、植物の根のすべてが水に浸らないようにすること。また、容器を美しく保って根の生長も楽しめるようにするため、ガラス製の素材をおすすめしました（→P13）。この2つの条件さえかなえられれば、どんな容器を使ってもOKです。

◎まずは、家の片隅に眠っているガラス容器を掘り起こしてみませんか。ジャムやスパイスの空きビンなど、愛せるものがみつかるかもしれません。

◎ビンの口が大きくて植物が中に落ちてしまう場合には、上のAのようにストッパーになるものを組み合わせます。クッキーやドーナツの焼き型、ナフキンリングなどが使えるかもしれません。ホームセンターなどの工具売り場では、バネのコーナーに中央に穴が開いている皿バネ、らせん状になっている渦巻バネが置いてあります。ぴったりのものを探してみましょう。

◎Bは、古い薬ビンと一緒に並べた、理科の実験用具のなかから、面白い形のものがみつかりそうです。

◎Cの電球は、金属カッター（100円ショップでも販売中）で口金部分を切断し、中身を取り出せば完成します。口金部分と同色のワイヤーを巻きつけて吊るしました。水の交換時に手を切らないように、切り口にはヤスリをかけましょう。感じのいい電球が手に入るといいですね。

their
背景の色で、水栽培の見え方を変える

backgrounds

植物もガラス器も、背景の色によって印象が変わり、
不思議と見せる表情もがらっと変わります。
住まいのなかで、壁全面を塗り替えるのは難しいかもしれませんが、
感じのいい素材のボードを用意してどこかに立てかけ、
水栽培の植物を置いて、お気に入りの小空間を作ってみませんか。

4

BLACK

黒 は 、和・洋 両 方 の テ イ ス ト に で き る

不 思 議 な 色

BLACK

水栽培のガラス器を通った光を
美しく見せるには最適

◎左ページや上の写真は、かつて漂流していた木片を黒の壁に据え付け、水栽培の植物を置いたもの。和モダンな印象がありますか？　洋風の印象を受けますか？　おそらく見る人によって答えが違うのではないでしょうか。インテリアのなかで使う際、黒は、和風のデザインにも洋風のデザインにも合う、汎用性が高い色なのです。

◎そして、黒は空間に緊張感をもたせます。植物の緑のように、他の色をしたものと並んだときに、大きなコントラストを生む色です。光をほとんど反射せずに吸収するため、光の景色が楽しめます。光が通過すると一段と美しく見える色ですから、水栽培のガラス器を通したときの美しさという意味で、他の色を圧倒します。

◎上の写真はマットな質感で仕上げた壁ですが、艶のあるプラスチック素材を選ぶのもよいでしょう。サンディングをかけて少し白っぽく仕上げると、元の素材とは表情が大きく変わります。

白は、誰にも好まれるオールマイティな色

WHITE

多彩な色に変わるからこそ、
自分らしい白色を見つけて使いたい

◎白は、黒と正反対に光を吸収せずに反射させる色。組み合わせて並べたものが明るく見えます。白を嫌う人はまずいないでしょう。なんでも美しく見せる無敵な色といえます。

◎壁やボードを白く塗るなら、真っ白でなく他の色をほんの少し混ぜ合わせて使ってみることをおすすめします。Tシャツやプレーンなシャツのような白い服が好きな人ならよく知っているように、白といってもさまざまな色があり、ニュアンスが違います。

◎白のペンキに、グレーやブルー、クリームやベージュを混ぜてみませんか。自分らしい白い色を見つけましょう。

◎そして、ニュアンスのある色になった白は、たとえば上の写真のように、あえてつけたダメージをまるで絵のように見せてくれます。少し汚れがついても、色の深まりのような印象を与えます。これがただの真っ白では、単なる劣化のような印象になり、「味」に変わることはありません。

グレーは、幅広く
　奥深いニュアンスのある静かな色

GRAY

とくにライトグレーは、
明るい茶色と組み合わせると美しい

◎住まいのなかでも、壁色にグレーが選ばれること
が多くなってきました。大人っぽいおしゃれ感があり、
落ち着いて静かに過ごせるからと、寝室や書斎など
の壁で、ライトグレーが人気です。
◎グレーもまた、白に負けないほど幅広い色がありま
す。グリーン系、ブルー系、カーキ系……。そして、白
と異なり濃淡を変えることでもニュアンスの違いを
楽しめます。
◎なかでもライトグレーは、明るい茶色と組み合わせ

て使うとインテリアがブラッシュアップできるため、
植物との相性がよい色といえます。左ページの写真
のブラウンがかった葉色のカランコエ ベハレンシ
スや、上の写真のブラウンの幹が特徴的なドラセナ
ホワイトホリーが映えるのは、黒や白でなく、ライトグ
レーの背景といえるでしょう。
◎ここまで、黒・白・グレーという色の特徴を紹介し
てきましたが、まずは家にあるものを使って小さな面
積で試してみませんか。

5

furniture
and 家具を生かして水栽培を飾る
them

おもに住まいのなかで水栽培を楽しむ方法を
紹介してきました。
そして、住まいにはいくつもの家具があります。
新しく買い替えたものもあれば、
長く使って愛着が深いものもあるでしょう。
ここでは、家具や調度品を活用して、
水栽培のスタイリングの例を紹介します。

ガラスケースに

引 き 出 し に 収 め る

家具と
水栽培の組み合わせ方

IN A GLASS CABINET

ガ ラ ス ケ ー ス に

自分だけのコレクションや食器などを収納するガラスケースがあるなら、水栽培の植物を並べてみましょう。ひとつを置くだけでも、存在感のあるプランツハウスが誕生します。ほかに、ガラス器や磁器の小物、そしてエアプランツなども好相性。ガラスケースでなくても、扉がガラスの家具があったら試してみては。

ON A SHELF

棚 に 並 べ て

2段以上ある棚を使えるなら、水栽培の植物を飾るのにふさわしいスペースができるでしょう。鉢植えや何かに着生した植物、あるいはお気に入りの小物や写真のフレームを一緒に並べても絵になりそうです。同じ段の棚の水平のラインに何を置くか・置かないか、その上下の棚をどうするかを考えて空間を構成します。

IN DRAWERS

引 き 出 し に 収 め る

洋服のチェストであれ、書類を収納するケースであれ、引き出しのある家具は水栽培の植物をスタイリングするのに使えます。ひとつだけを引き出して、そこに植物を入れても決まるはず。また、いくつもの引き出しを使う場合は、位置のバランスや引き出す長さによっても印象が変わるので、ベストを探してみましょう。

ON A LUMINAIRE

照 明 器 具 に 乗 せ て

ダイニングのペンダントライトなどで、天面が平らなものはありませんか？ 照明器具の上に水栽培の植物を置けるなら、光と植物、空間と植物の独特の関係を鑑賞することができます。水がこぼれないような注意が必要ですから、常設は難しいかもしれませんが、特別な日にチャレンジしてみてはいかがでしょう？

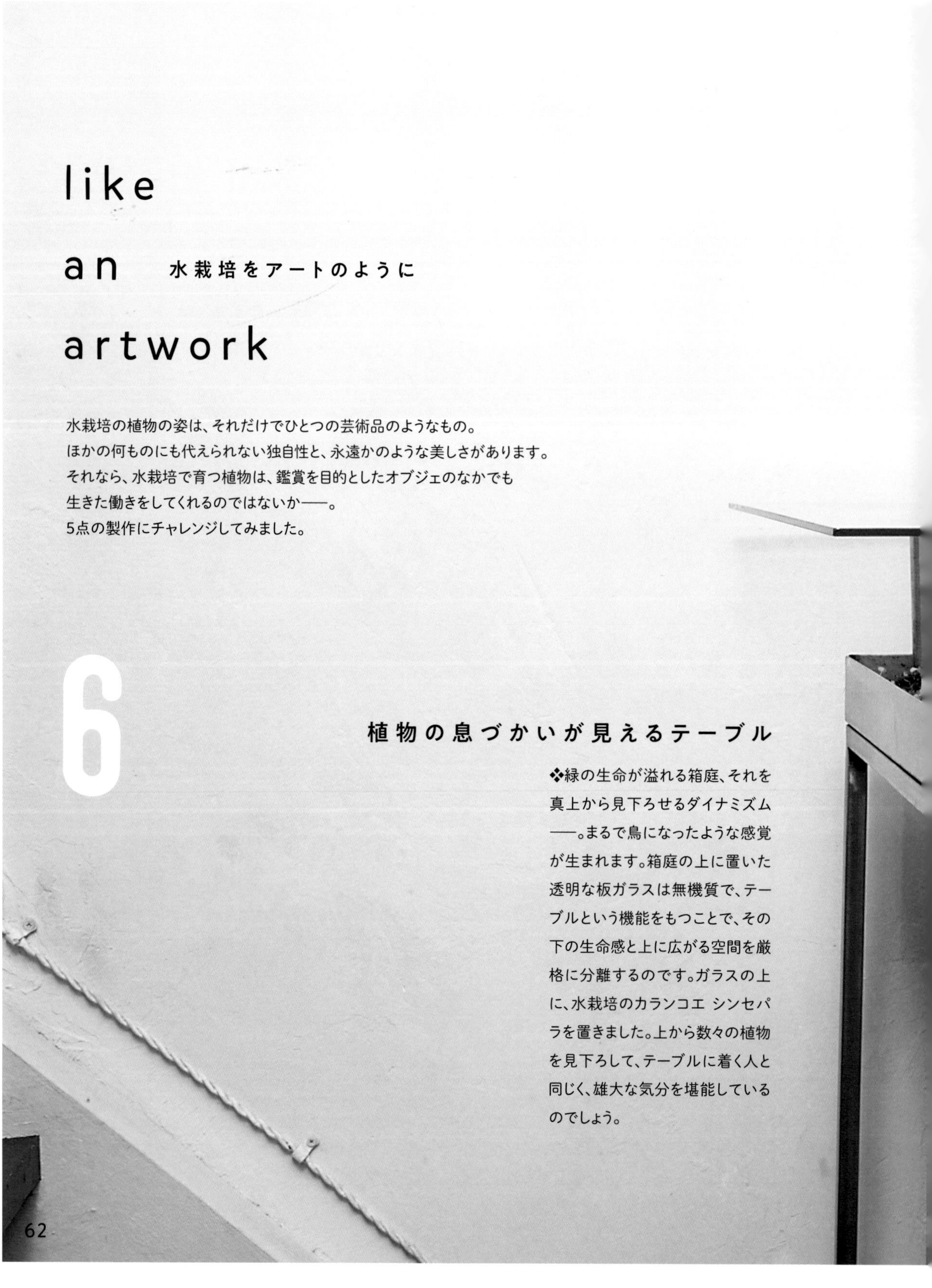

like
an   水栽培をアートのように
artwork

水栽培の植物の姿は、それだけでひとつの芸術品のようなもの。
ほかの何ものにも代えられない独自性と、永遠かのような美しさがあります。
それなら、水栽培で育つ植物は、鑑賞を目的としたオブジェのなかでも
生きた働きをしてくれるのではないか——。
5点の製作にチャレンジしてみました。

6

植物の息づかいが見えるテーブル

❖緑の生命が溢れる箱庭、それを
真上から見下ろせるダイナミズム
——。まるで鳥になったような感覚
が生まれます。箱庭の上に置いた
透明な板ガラスは無機質で、テー
ブルという機能をもつことで、その
下の生命感と上に広がる空間を厳
格に分離するのです。ガラスの上
に、水栽培のカランコエ シンセパ
ラを置きました。上から数々の植物
を見下ろして、テーブルに着く人と
同じく、雄大な気分を堪能している
のでしょう。

大きな食器棚という美術館

苔と水栽培の絵画

シャンデリアのきらめきの中

あの人が好きなものの標本箱

アートの素材のように
ふるまう水栽培

MUSEUM

食器棚の
美術館

◎120年ほど前にフランスで使われていたというマホガニーの大きな食器棚は、使っていた人たちの魂が残っていて、それ自体がまるで建物のよう。そこに、水栽培の植物を配置していきました。下の段には大きなもの、2段目には葉の長いものを置いて動きを出そう。3段目の植物はあえて規則的に配置して、最上段には流動性を表現できる植物にしよう——。そうして全体を配置してみたら、建物は美術館になりました。

ART

絵画

◎本来、自然のなかにある苔という生き物をあるひとつのフレームに収めます。それは、自然界の日常では見られない、人の手による創造物。作はフランスのナポレオン時代という額縁に入れました。この荘厳な額縁で、どんな人がどんな絵を飾っていたのだろう？ 想像が膨らみ、1点の絵画のでき上がりが近づきました。完成するのにどうしても必要だったのは、これからも生き続ける植物です。小さなボトルツリーの水栽培を留めました。

CHANDELIER

シャンデリア

◎感じよく退色したドライフラワーやプリザーブドフラワー、小さな電球が散りばめたシャンデリアに、リプサリスとビールホップの小さな水栽培を入れました。灯と植物と水が調和しています。かつて咲き誇っていた花々と、いま生きている植物が一緒に同じ空間を構成します。しかし、熱をもつ光に植物を長時間さらすわけにはいきません。短い時間だけれども、たしかにあった夢のようなひとときを記憶に留めるシャンデリアです。

SPECIMEN BOX

標本箱

◎男性でも女性でもよく、若い人でも年配の人でもいいのですが、ある一人の人が自分の好きなものを集めているとしたら、どんなものが並ぶのだろう？ そんなことを想像しながら、正方形の小さなガラスケースに置いていきました。小さな水栽培の植物のほか、ほかの人にはよさが伝わりづらいかもしれない小箱や小石、空きビンなどを閉じ込めてみると、誰かの内側が見られるような標本箱のようになりました。

Hydro-ponics in shops

ショップで水栽培をレイアウト

住まいと同じく、多くのショップが自店にふさわしいインテリアを追求しています。
なかには、住まいのなかで生かせるアイデアもたくさんあるでしょう。
《無相創》が設計を担当したショップを訪ね、水栽培の植物をレイアウトしてみました。
自分の住まいに取り入れられるヒントを見つけてください。
空間のなかで植物をどう生かすか、新しい発見があるといいですね。

7

a

b

a. コンクリートが基調の無機質な空間のなかで、憩いが広がる
b. エントランス近くに置いた水栽培は、訪れる人の目を引く
c. ピカクシダから吊るして、エアプランツも水栽培で
d. 存在感のある、壁際の着生ラン

[Shop information]
小さな maison
https://beauty.hotpepper.jp/slnH000318379/
東京都杉並区松庵 3-25-10 1階
Tel: 03-3332-7802

無機質な空間だからこそ、生命感のある植物が映える

◎セメント系で仕上げた壁や天井などの内装、そしてドレッサーなどの什器もコンクリートをまとい、徹底的に無機質な空気感が広がります。これは、「施術を受けるゲストが一番映えるように」という、オーナーのビジョンによるものです。

◎しかし、それだけでは冷たい緊張感に覆われます。そこで、普段は、ゲストがゆったりと過ごせるように、ドライフラワーや鉢植えの植物、切り花などを随所にスタイリング。また、植物を使うことによって季節の移り変わりを表現しています。ファッションの一部を担うヘアデザインには欠かせないことなのかもしれません。

◎さて、グレーな空間は、それだけでおしゃれ感MAX。背景のグレーと植物の緑は、互いに相手を引き立てます。水栽培の植物をどこにどのように置いても決まるのですが、壁面を生かしてハンギングすると、優雅な空気が流れてきそうです。

shop

2 コーヒースタンド

Today's
Cold
brew

a

b

a. 通りに面したカウンター上の水栽培は、店のキャラクターのよう
b. アイアンの照明器具からセダムをハンギング
c. コーヒーブラスのゆとりを提供できるように
d. 分厚い古材のカウンターの上に

[Shop information]
◎ IRON COFFEE
https://iron-coffee.com/index.html
東京都世田谷区豪徳寺 1-18-9
Tel: 非公開

植物は、コーヒーの品格を 伝えられるのかもしれない

◎「日常の1コマに価値のある1杯を」というコンセプトでスペシャルティコーヒーを提供しているコーヒースタンドです。供されるコーヒーは、まさに足を運ぶ〝価値ある〟もの。コーヒーの味を言葉で表すのは難しいことですが、植物ならうまく伝えてくれるのではないかと考えました。
◎「連れていこう！」と、まず思い立ったのは、サボテンの金獅子です。奇抜な形をしているわけではないけれど個性があり、根にも独特の趣きがあります。これを、鉄と古材で作ったファサードに置きました。この店の「コーヒー」の飾らないこだわりを伝えることができたかと思います。

75

a

b

a. 通りに面した大きな窓にある植物は、コミュケーションの発信源

b. 植物が水に植えられている? 一見、不思議な佇まいに会話が生まれる

c. ふんだんな木材を背景に、壁にしつらえた小さなスペースに

d. 杉の木で囲ったシャンプースペースに置いたサボテン

e. エアプランツをハンギング

[Shop information]
◎ 人トナリ
https://www.instagram.com/tominaga002/?hl=ja
東京都渋谷区神宮前 2-19-2
Tel: 非公開

外 か ら 植 物 が 見 え る と、近 隣 の 人 も 親 近 感 を 持 っ て く れ る

◎再建築ができない古民家をフルリノベーション。1階がネイルサロン、2階が美容室のショップです。もともとあった木造の構造部を生かし、古き良きものを現代的に蘇らせました。

◎特徴的なのは、訪れる人も、前の道を通り過ぎる人もフラワーデコレーションが楽しめること。普段、あまり見かけない珍しい花々をアレンジすることで、今日はどんな花が飾られている? 花と同じ色のネイル色にしたい……と、コミュニケーションが広がるようです。

◎そこに、水栽培で育っている植物をいくつかレイアウトしてみました。

◎「花とは違う生命感があります。花だけでは甘くなりすぎてしまうような場合にも、ニュートラルに戻してくれるようです。ガラス器にある水が明るい印象を広げてくれそう」という、日々、花を扱っているオーナーの感想を紹介しておきましょう。

a

b

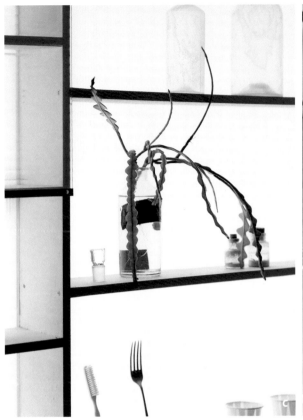

a. 物静かな空間にスイレンがやさしさを届ける
b. ていねいにキュレーションされた品々の間で笑うユーフォルビア
c. プラスチックダンボール越しの不思議な光を浴びているエピフィルム
d. 店の中央のテーブルには、大きな植物（ヘテロパナックス）を
e. オブジェのような着生ラン

[Shop information]
poubelle
https://www.instagram.com/poubelle0702/?hl=ja
東京都杉並区西荻北 3-42-5
Tel: 非公開

どこまでも静かな空間に、
水栽培がさざ波を立てて

◎日本の古いものと現代アート、あるいはふとした日用品を中心に、オーナーが真に納得したものだけが棚やテーブルに並んでいる店内。ドアを開けると、どこまでも静かな時間が流れます。

◎そこでは、植物の根がガラス器内の水を吸い上げる音が聞こえるかのよう。酸素を拡散するときの声も聞こえてきそうです。空気が透明で静謐が保たれていると、植物の生命がさざ波を立てているかのようです。

◎とても静かな空間では、植物の音が聴こえてきます。目で見て楽しむだけでなく、音を聞くという植物の楽しみ方に気づきました。しんとした部屋で過ごす明け方の時間、水栽培の植物をのぞくのが楽しみです。

a

b

c

a. コンクリートの壁を背景に、体育館の床材を組み立てたカウンターに並ぶ水栽培
b. 音楽やファッションの洋書とクールなセネシオが好相性
c. コンクリートブロックを積み上げた壁にアクセント
d. 外の街路樹の緑と、白いタイルの窓際に置いた
　　金手鞠（サボテン）がコラボレーション
e. コンクリート、タイル、ネオン管が印象的な店内

[Shop information]
Randall
https://randall-hair.com/
東京都世田谷区桜丘 5-46-9
Tel: 03-6339-9519

〝カド〟がある空間には、 生きている植物がほしい

◎予定調和のデザインを抜けて、〝カド〟がある、スパイスの効いたインテリアを目指した店内。〝カド〟とバランスをとるため、普段から植物を配置しています。

◎「ドライフラワーやプリザーブドフラワーというよりは、生きた花や観葉植物がはまると思う」とは、オーナーの言葉。モルタルに樹脂系の塗料を重ね塗りした床は、光沢を帯びて植物の影が映り、それが店内で過ごす時間の楽しみのひとつといいます。家時間を過ごすことが多くなったいま、多くの家庭で植物への関心が高まり、ヘアスタイリングの施術中も植物を通した会話が増えました。

◎グレーの壁が多く、白いタイルが特徴的なインテリアでは、当然のことかのように水栽培の植物がマッチしました。シャンプールームには、窓があって光が入ります。外の街路樹越しに差し込んでくるやさしい光が、白タイルに乗った金手鞠（サボテン）を包み込みます。焼きもののタイルとガラス器で育つ植物のコラボは抜群でした。

a. 本を通じて、人が集える場所になっている店内
b. 水栽培の植物は、書籍や昭和の時代のモノがたどってきた時間を吸収している
c. トルソーを向こうにして、アンティークの足踏みミシンの台の上で
d. コラージュの作品を背景に

水栽培で、本に囲まれて 過ごす時間を心地よく

◎古書と、オーナーが集めた不思議なコレクションがあり、そして店の中央にあるカウンターに人々が集まる古書店。古材や古い家具を多く使っています。訪れる人は、コーヒーやワインを片手にしばらく滞在し、それぞれに気持ちのいい時間を過ごしています。

◎そんな空間に水栽培の植物をレイアウトしてみました。生きている植物と古書は、ある程度以上の時間を生きてきたという意味で、親しい関係にあるのでしょう。日常的に連れ添っているかのように、思っていた以上に印象が調和しました。住まいに本棚があるなら、そこに愛せる本が何冊か並んでいるなら、水栽培の植物を飾ってみることをおすすめしたいと思います。

[Shop information]
アルスクモノイ
https://arskumonoi.net/
東京都新宿区西五軒町 10-1
Tel: 03-6265-0849

shop

7 装身具店

a

b

a. ドアを開けると、凛とした空間へと植物に誘われる
b. ジュエリーが置かれたテーブルでは、大きなユーフォルビアが名脇役に
c. お客様と大切な打ち合わせをする机の上で、
　 ユーフォルビアと水とガラスが息をしている
d. 静かな時間が広がる店内にて

[Shop information]
装身具 LCF
https://www.lcf77.com
東京都大田区北千束 1-67-7 本橋メゾン 1階
Tel: 03-6421-2903

計算しつくされた空間の
緊張感を植物がほどく

◎製作者でもあるオーナーの手によるジュエリーを、共鳴してくれる人に直接手渡している装身具店。ほとんどが一点もので、大量生産はしていません。

◎店内は、ジュエリーと古い家具が、製作者の意思を伝えるかのように、精密にディスプレイされています。訪れる人によっては重い空気を感じるかもしれません。そこで、植物の緑をそこここに置くことによって、明るさや親しみやすさ、やさしさを演出しているのだそうです。

◎そんな店内に水栽培の植物をレイアウトしました。中央にある、ジュエリーがディスプレイされているテーブルには、大きめのユーフォルビア。作る人のエネルギーが集約されているジュエリーの近くに置くには、小さな植物では力負けしてしまうと思ったためです。

◎また、ショップの奥には、それらのジュエリーが誕生する場であるアトリエがあります。お客様とオーダーなどの大切な打ち合せをする時間と人の手をくぐった古い机の上に個性的な形をしたユーフォルビアを置きました。差し込んでくるやさしい光が、ガラス器の影を落とします。

a

b

c

d

e

a. ビンテージの家具や調度品に囲まれた店内で
b. ゆらぎのある光に照らされているソテツ キリン
c. 白い壁を背に揺れる着生ラン
d. ギャラリースペースの小さなコーナーで
e. カーテンのゆらぎと同調する着生ラン
f. 古い金属の家具と大きなエアプランツ

f

[Shop information]
anabelle
https://f6products.com/
東京都横浜市青葉区美しが丘 2-20-1
Tel: 045-482-4026

白い漆喰の壁に水栽培の植物は、店の審美眼に応えてくれるはず

◎普遍性のあるスタイルを求めて、洋服をはじめ、靴やバッグなどファッションにまつわるもののすべてを厳選している、レディス・セレクトショップ。別のフロアには、特別な作家の手によるものや季節限定のもの、また、ライフスタイルを提案できるものを不定期で展示するギャラリースペースがあります。

◎「花には、人をほっとさせる力がある」と、普段から空間の構成に花を積極的に使っています。服を合わせる人に小さな感動が訪れるように、花は鏡の中に映る位置に置くことにしているのだそうです。

◎そんなショップ内に、水栽培の植物をレイアウトしてみました。おもにギャラリースペースを使用しましたが、白い漆喰の壁には植物がよく映えます。壁を背景にして、品のよいアンティークの家具に置いても、上からハンギングしても、その美しさは、このショップの審美眼に十分かなっているのではないかと思いました。

APPENDIX

この本に登場した植物のリスト

アロエ
→ P4、5、24、25

アロエ スプラホリアータ
→ P16、57、60、83

アローディア
→ P5

エケベリア
→ P7、44、50

エケベリア
→ P4、43

エケベリア
→ P4、5、6、38、52

エケベリア
→ P7、56、64、65

エピフィルムアングリガー
→ P3、4、5、6、38、52、58、61、64、65

ガステリア グロメラータ
→ P55、56、60

カランコエ シンセパラ
→ P63

カランコエ 月兎耳
→ P4、5、36、64

カランコエ 不死鳥
→ P3、17、52、54、64、65

カランコエ ベハレンシス
→ P5、57、60

カランコエ ベハレンシス
→ P77

キングクレイニア
→ P5

NEXT ⇒
次の見開きは、サボテンです

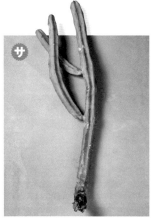

（柱サボテン）
→ P15

サボテンの一種
→ P55、56

エスポストア幻楽
→ P83

金獅子
→ P43、74

金鯱
→ P7、42、45、50、64、75

金手毬
→ P3、34、81

銀手毬
→ P51、55、56、60、68

黄金司
→ P21、22、23、25、76

墨烏帽子
→ P77

セレウスペルビアナス スピラリス
→ P5

刺無し短毛丸
→ P1、10、23、25、82

緋牡丹
→ P58、61

ユーベルマニアペクチニフェ
→ P5

NEXT ⇒
引き続き、サンスベリア
セダム
セネシオ
ドラセナ
ハオルシア
ブラキキトン
ヘテロパナックス
と、 ユーフォルビア
リプサリス
ロフォサレウス
です

サンスベリア サムライ
→ P86

サンスベリア ボンセレンシス
→ P4、57、72

セダム　ビールホップ P
→ P4、5、6、38、64、65、67

セダムの一種
→ P75

セネシオ
→ P57、64、65、80

ドラセナ　コンシンネ
→ P59、61

ハオルシア
→ P8

ブラキキトン
→ P10、11、12、66、69

ヘテロパナックス
→ P64、69、79

アフラガニー玉
→ P40、64、65

怪魔玉
→ P86

カメレオンヘルメット
→ P36、80

グーチョキパー
→ P85

紅彩閣
→ P58、61

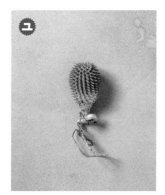

スザンナエ
→ P7、30、32、33、75

大正キリン
→ P78

大明神
→ P10、19、25、84

稚児麒麟
→ P8、28、29、64、65、82

デカリースピロシティカ
→ P3、43、45、49、58、59、61、68、
69、75、80

ポイゾニー
→ P8

ホワイトゴースト
→ P28、29

フェルニア ゼブリナ
→ P46、48、55、56、60、64

フェルニア ゼブリナ
→ P26、27

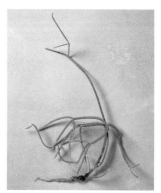

リプサリス
→ P67

リプサリス
→ P64、65、67

お わ り に

長い間、水栽培に親しんできました。最近になって気づいたことがあります。
それは、土で育つ植物と、水栽培で育つ植物の決定的な違いについて――。

土で育つ植物は、たとえば鉢のなかで根をいっぱいに伸ばすのが普通です。
普段、土のなかの根を見ることはできませんが、植え替えのときなどに気づかされます。
ところが、水栽培の植物は、ある程度の長さまで根を伸ばすと、そこで留まるのです。
コーデックスのような、根が塊状になっている植物を水栽培で育てると、
ある程度のサイズになったあとは、根の塊が大きくなることがありません。

無限に生長しようとするのでなく、生命の営みを循環させて生きているのではないか。
水道水に含まれたわずかな栄養しか吸収できないためなのかもしれませんが、
そもそも植物という生命がそれ以上の栄養を必要としているのか、考えるようになりました。

水で育つ植物と一緒に月日を歩むにつれ、
より多くのものを望むよりも、いま私にあるものを大切にすることが
大きな幸福を与えてくれるのではないかと感じています。

暮らしに植物があることで、気持ちのいい充実感とともに
はっとする気づきが得られることが多々あると思うのです。

この本では、植物のある暮らしのために、水栽培を提案してきました。
愛情をもてなければ長続きできず、植物とよい関係を作ることができませんから、
読者の皆様が愛せる植物と出会えますように！

米原 政一

米原政一
よねはらまさかず

住宅・店舗のリノベーション設計施工
をする無相創代表。
既存を生かしながら、アンティーク・植
物等を適所に配置して空間構成する。
現在は、建築材料として自然素材をお
もに使用して、自然換気で植物とともに
健康的な生活環境を作ることを中心に
活動している。

制作協力	FILE Publications, inc.
構成	駒崎さかえ（FPI）
表紙デザイン	OTSD
フォーマット	平尾太一（FPI）
本文デザイン	東山 巧（FPI）
撮影	横田秀樹
店舗写真撮影	井上隆司（P24、70 〜 87）
撮影協力	無相創
イラスト	竹内なおこ
編集協力	青山一子、伊武よう子

多肉植物の水栽培
たにくしょくぶつのみずさいばい

2020年10月10日　第1刷発行

編　　者	日本文芸社
発 行 者	吉田芳史
印 刷 所	株式会社 廣済堂
製 本 所	株式会社 廣済堂
発 行 所	株式会社 日本文芸社

〒135-0001 東京都江東区毛利2-10-18 OCMビル
TEL03-5638-1660（代表）

Printed in Japan　112200929-112200929Ⓝ01（080013）
ISBN978-4-537-21820-6
URL https://www.nihonbungeisha.co.jp/
©Masakazu Yonehara 2020
（編集担当：牧野）